Maria Hesse

Konfliktlösung mit Hilfe von Mitschülern – Streitschlichtung als Gewaltprävention

GRIN Verlag

Bibliografische Information der Deutschen Nationalbibliothek:

Die Deutsche Bibliothek verzeichnet diese Publikation in der Deutschen National-bibliografie; detaillierte bibliografische Daten sind im Internet über http://dnb.d-nb.de/ abrufbar.

Dieses Werk sowie alle darin enthaltenen einzelnen Beiträge und Abbildungen sind urheberrechtlich geschützt. Jede Verwertung, die nicht ausdrücklich vom Urheberrechtsschutz zugelassen ist, bedarf der vorherigen Zustimmung des Verlages. Das gilt insbesondere für Vervielfältigungen, Bearbeitungen, Übersetzungen, Mikroverfilmungen, Auswertungen durch Datenbanken und für die Einspeicherung und Verarbeitung in elektronische Systeme. Alle Rechte, auch die des auszugsweisen Nachdrucks, der fotomechanischen Wiedergabe (einschließlich Mikrokopie) sowie der Auswertung durch Datenbanken oder ähnliche Einrichtungen, vorbehalten.

Impressum:

Copyright © 2010 GRIN Verlag GmbH
Druck und Bindung: Books on Demand GmbH, Norderstedt Germany
ISBN: 978-3-656-26168-1

Dieses Buch bei GRIN:

http://www.grin.com/de/e-book/199711/konfliktloesung-mit-hilfe-von-mitschuelern-streitschlichtung-als-gewaltpraevention

Universität Kassel

Jugendgewalt

WS 2009/2010

Konfliktlösung mit Hilfe von Mitschülern – Streitschlichtung als Gewaltprävention

Maria Hesse

Germanistik/ Geschichte für das Lehramt an Gymnasien

7. Fachsemester

im erziehungswissenschaftlichen Kernstudium

Erstellt zum 1. März 2010

Inhalt

1. Einleitung

Selten war das Thema Gewalt und Aggression unter Kindern und Jugendlichen aktueller als heute. Der Ursprung von gewalttätigen Reaktionen ist kaum genau auszumachen und stets individuell. Umso wichtiger ist es, Kindern und Jugendlichen Wege aufzuzeigen, mit Konflikten konstruktiv umzugehen und diese gewaltfrei zu lösen. Immer mehr Schulen erkennen, dass sie einen enormen Beitrag zur Gewaltprävention liefern können. Eine Möglichkeit, die in den letzten Jahren immer mehr ins Auge gefasst wurde, ist die Mediation in Form von Streitschlichterprogrammen. Die vorliegende Arbeit soll sich deshalb damit beschäftigen, wie Schüler[1], die selbst nicht in einen Streit involviert sind, zur Konfliktlösung beitragen können. Zunächst soll das Prinzip der Streitschlichtung näher erklärt und danach Chancen und Grenzen dieses Vorgehens analysiert werden. Da ich selbst in meiner Schulzeit zu einem Streitschlichter ausgebildet wurde und auch als solcher tätig war, habe ich auch ein persönliches Interesse daran, die Streitschlichtung aus wissenschaftlicher Perspektive bezüglich ihrer Möglichkeiten der Gewaltprävention zu untersuchen. Verschiedene Monographien und praktisch orientierte Handbücher zum Thema sollen bei der Erstellung dieser Arbeit Verwendung finden.

---

[1] Wenn im folgenden Verlauf von Schülern und Lehrern die Rede ist, sind stets beide Geschlechter gemeint. Wenn das Geschlecht Gegenstand der Betrachtung ist, wird direkt unterschieden.

2. Streitschlichtung – eine Beschreibung

Nahezu alle Streitschlichtungsmodelle basieren auf der Methode der Mediation. Mediation ist eine „Vermittlung in Streitfällen durch unparteiische Dritte, die von allen Seiten akzeptiert werden".[2] Ziel ist es, eine Lösung des Konflikts zu finden, die jede Streitpartei zufriedenstellt. Dabei geht es nicht darum, Täter und Opfer zu identifizieren. Beide Streitenden sind gleichberechtigt und können unter der Moderation des Streitschlichters den Konflikt aus ihrer Sicht schildern und somit wieder ins Gespräch kommen. Die Lösung des Konflikts wird nicht von dem Streitschlichter vorgegeben, sondern unter der Moderation selbstständig von den Konfliktparteien erarbeitet.[3]

2.1 Der Ablauf einer Mediation

Eine Streitschlichtung sollte in einem geschützten Raum stattfinden, der im besten Fall auch bezüglich seiner Ausstattung dem Bedarf angepasst ist. Beispielswiese könnten beruhigende Farben, Pflanzen und dem Zweck entsprechende Sitzgelegenheiten zur Schaffung einer angenehmen Atmosphäre verwendet werden. Dies schafft Wohlbefinden und ermöglicht somit auch Vertrauen und offene Gespräche. In der Einleitungsphase einer Streitschlichtung sollten Gesprächs- und Verhaltensregeln von dem/den Streitschlichter/n vorgestellt sowie die eigene Rolle als Konfliktvermittler verdeutlicht werden. Auch der Ablauf der Mediation muss den Streitparteien offen gelegt werden. Voraussetzung für das Gelingen eines solchen Gesprächs ist vordergründig das Einverständnis der Streitenden. Das Aufsuchen eines Streitschlichters sollte freiwillig, allenfalls aufgrund eines Vorschlags vonseiten einer Lehrperson oder eines Mitschülers geschehen, der den Streit beobachtet hat. In der zweiten Phase der Mediation wendet sich der Streitschlichter direkt an die einzelnen Konfliktparteien und lässt diese ihre Sichtweise des Geschehens schildern. Zu den Aufgaben des Streitschlichters gehören hierbei aktives Zuhören, eventuell Neutralisation unbedachter oder auch ausfallender Äußerungen durch Umformulieren und Zusammenfassung von Gemeinsamkeiten und Differenzen des Gesagten. Es ist auch möglich, die Streitenden zunächst schriftlich festhalten zu lassen, wodurch der

---

[2] Heldt, Ursula: Konfliktvermittlung – Mediation in der Schule, Göttingen 2000, S. 9.
[3] Vgl. Heldt (2000), S. 9.

Streit ihrer Meinung nach entstanden ist und welche Beweggründe sie hatten/haben. Im Anschluss daran sollte Raum für Fragen gegeben werden, wodurch man die direkte Kommunikation zwischen den Streitenden fördert. Die Streitenden sind in dieser Phase eher bereit, auch Gefühle zu äußern und in der Lage, die Hintergründe eines Streits zu erkennen, weshalb man die dritte Phase auch als Konflikterhellung bzw. Vertiefung bezeichnen könnte.[4] Der Konfliktvermittler kann hierbei direkt nach den Emotionen fragen und die Bedürfnisse der Streitenden ergründen. Nach und nach wird der zuvor eskalierende Streit zu einem gemeinsamen Problem, dessen Lösung man auch gemeinsam suchen und erarbeiten möchte. Mehr und mehr findet das Gespräch direkt zwischen den Streitenden statt, sodass der Streitschlichter die Rolle des Moderators einnimmt. Er hält die Konfliktparteien dazu an, per Brainstorming Ideen zu sammeln bzw. Wünsche zu notieren. Dies kann mündlich oder aber auch schriftlich passieren. Der Streitschlichter fasst anschließend die Ideen zusammen, sucht einen gemeinsamen Konsens und bringt die Ideen auf einen Punkt. Eventuell kann er auch eigene Ideen mit einfließen lassen. Die fünfte Phase beinhaltet das schriftliche Festhalten der Vereinbarung. Alle Parteien unterschreiben diesen Vertrag. Außerdem sollte nach jeder Streitschlichtung ein Nachgespräch vereinbart werden, in dem berichtet wird, wie die Umsetzung des Vertrags funktioniert hat und ob dadurch der Konflikt beigelegt werden konnte.

2.2 Die Ausbildung von Streitschlichtern

Bereits in der Grundschule kann man das Projekt der Streitschlichtung einführen, um Kindern früh Möglichkeiten aufzuzeigen, Konflikte gewaltfrei zu lösen. Häufig wird eine derartige Ausbildung jedoch in der Sekundarstufe I angesiedelt.

Die Ausbildung der Streitschlichter sollte von einem oder mehreren Erwachsenen übernommen werden, die sich diesbezüglich weitergebildet haben. Dies können ein für diesen Zweck beauftragter Sozialarbeiter, engagierte Eltern oder aber Lehrer der Schule sein. Die Ausbildung durch an der Schule tätige Lehrer hat dabei in dem Sinne Vorteile, als dass die Schüler meist bereits mit der Person vertraut sind und die Interaktion und Kommunikation dadurch vereinfacht sein kann. Außerdem spielt auch der zeitliche und organisatorische Faktor eine Rolle. Eine Lehrperson ist ebenso an

---

[4] Vgl. Heldt (2000), S. 109.

den Schulalltag gebunden wie die Schüler, weshalb sich Termine leichter vereinbaren lassen.

Das Projekt der Streitschlichtung kann zum einen in der Unterrichtszeit verankert sein, jedoch auch als ein freies Projekt in die Freizeit verlegt werden. Zwar verlangt die Organisation der Schulungstermine außerhalb der Schulzeit mehr Aufwand, doch eröffnet dies auch mehr Möglichkeiten. Ist die Ausbildung an den Unterricht gekoppelt, so kann jeweils nur eine Klassenstufe ausgebildet werden. Zudem sind die Termine durch den Stundenplan begrenzt und die jeweilige Lehrperson muss die Ausbildung allein übernehmen. Durch ein freies Projekt können Schüler mehrerer Klassenstufen gleichzeitig und miteinander ausgebildet werden. Auch die Lehrperson hat die Möglichkeit, Kollegen mit einzubeziehen, die sich ebenfalls mit dem Thema beschäftigt haben. Die Motivation der Schüler steigt zusätzlich, da die Ausbildung ihnen zwar Freizeit nimmt, sie aber außerhalb der Unterrichtszeit ungezwungener sein können. Als freies Projekt lässt sich die Ausbildung zum Streitschlichter individueller gestalten, die Beteiligten engagieren sich freiwillig für ein gemeinsames Ziel und die gemeinsam gestaltete und erlebte Zeit wird meist intensiver erlebt. Auch ist die Vertrauensbasis zwischen Ausbildern und Schülern eine andere und die Schüler können sich losgelöst vom Schulalltag auf ihre Ausbildung zum Streitschlichter konzentrieren.[5]

In der Ausbildung lernen die angehenden Streitschlichter mit Hilfe von Rollenspielen, Gesprächen und Kommunikationstrainings Konflikte einzuschätzen, ihre wahren Hintergründe zu erkennen und Lösungen dafür zu finden. Sie lernen Regeln der Kommunikation kennen und üben, diese anzuwenden. Außerdem müssen Kinder und Jugendliche erst lernen, sich in einem Konfliktfall neutral zu verhalten, auch wenn Freunde von ihnen beteiligt sind. Sie müssen sich mit ihrer Rolle als Streitschlichter vertraut machen und ihre Position in einem Streitschlichtungsgespräch lernen, einzunehmen.

---

[5] Vgl. Kaeding, Peer u.a. (Hrsg.): Mediation an Schulen verankern. Ein Praxishandbuch, Weinheim/ Basel 2005, S.65.

3. Anwendungsmöglichkeiten von Streitschlichterprogrammen – Chancen und Grenzen

„In den heutigen Industriegesellschaften stehen wir vor der historisch neuartigen Situation, dass die Jugendzeit entscheidend durch den Schulbesuch geprägt wird."[6] Tagtäglich verbringen unzählige Kinder und Jugendliche ihre Vor- und Nachmittage zusammen, ungeachtet ihres Alters, ihrer Herkunft und ihrer subjektiven Bedürfnisse.

„Die [...] biologischen und entwicklungspsychologischen Besonderheiten des Jugendalters und die Teilhabe an der Jugendkultur in ihren verschiedenen Ausprägungen haben immer auch mit der Schulexistenz des Jugendlichen zu tun. [...] Für die individuelle Entwicklung ist Schule die entscheidende Institution, weil die schulische Sozialisation zur Überwindung der ‚Kindheitsidentifikation' und zur ‚Neustrukturierung des Ich' herausfordert."[7]

Gerade in den Pausen zwischen den Unterrichtsstunden und auf dem Schulhof treffen die unterschiedlichsten Charaktere aufeinander. Dass hierbei verschiedenste Konflikte entstehen können, ist offensichtlich und auch normal. Konflikte sind wichtig für die Entwicklung der Persönlichkeit und der sozialen Kompetenz, doch müssen Kinder und Jugendliche früh lernen, adäquat mit Konflikten umzugehen und diese gewaltfrei zu lösen. Hierzu können Streitschlichterprogramme einen großen Beitrag leisten.

Konflikte in der Schule sind genauso vielgestaltig wie außerhalb dieser Institution. Schon während der Etablierung eines derartigen Projekts an einer Schule müssen sich die Organisatoren und Beteiligten darüber im Klaren sein, dass nicht jeder Konflikt durch eine Schlichtung beigelegt werden kann.

3.1 Schlichtbare Konflikte und Grenzen der Streitschlichtung

In der Konflikttheorie werden verschiedene Arten von Konflikten unterschieden.[8] Grundsätzlich muss durch die Projektleiter entschieden werden, welche Art von

---

[6] Hurrelmann, Klaus: Schule als alltägliche Lebenswelt im Jugendalter, in: Schweitzer, Friedrich/ Hans Thiersch (Hrsg.): Jugendzeit – Schulzeit. Von den Schwierigkeiten, die Jugendliche und Schule miteinander haben, Weinheim/ Basel 1983, S. 30.
[7] Schäfers, Bernhard: Soziologie des Jugendalters. Eine Einführung, 4. überarb. und aktualisierte Aufl., Opladen 1989, S. 109.
[8] Vgl. Schunk, Monika: Streitschlichter in der Schule. Praxishandbuch für die Ausbildung von Kindermediatoren, München 2005, S. 12.

Konflikten in die Hände der Schüler gegeben werden kann und soll und welche weiterhin mit Hilfe von Lehrpersonen oder durch andere Maßnahmen geklärt werden müssen. Jeder Konflikt ist individuell und berührt dabei verschiedene Ebenen von psychischer, mündlicher oder auch körperlicher Gewalt. Silke Vogt führt folgende Konfliktarten auf, die sich für eine Streitschlichtung eignen können: Sachbeschädigungen, Gerüchte und Lästereien, Verteilung von begrenzten Ressourcen, Beleidigungen und Ehrverletzungen, Ausgrenzung, leichte bis mittlere körperliche Auseinandersetzungen und Entwendung von Gegenständen.[9] Natürlich muss stets die Schwere der Tat bzw. die Intensität der erlebten Gewalt von Seiten des Opfers berücksichtigt werden. Da eine Streitschlichtung jedoch freiwillig in Anspruch genommen werden sollte, kann auch individuell entschieden werden. Auch die Streitschlichter sollten für sich entscheiden, ob sie sich einem Konflikt gewappnet fühlen und sich die Mediation zutrauen.[10]

Wie zuvor angedeutet, gibt es jedoch auch Konflikte, deren Lösung nicht durch eine Streitschlichtung herbeigeführt werden kann. Wenn schwere körperliche Gewalt oder andere Strafdelikte im Zentrum des Konflikts stehen, sollten auch entsprechende Maßnahmen ergriffen werden. Vogt führt auch diesbezüglich einige Punkte auf, die einen Konflikt beschreiben, der nicht für eine Streitschlichtung geeignet ist: schwere Verstöße gegen die Schulordnung, wie z.B. schwere Körperverletzung, Raub und Drogendelikte, Konflikte, bei denen eine Strafanzeige gestellt wurde sowie bei Verweigerung der Streitschlichtung durch eine der Konfliktparteien.[11]

3.2 Vorteile einer Streitschlichtung durch Mitschüler

Für jede Schule ist es erstrebenswert, Konflikte, bei denen massive Gewalt auftritt, zu verhindern. Dies kann einerseits dadurch erreicht werden, dass die Schule „einheitliche und klare Regeln entwickel[t], deren Einhaltung konsequent überwach[t] und Verstöße zeitnah sanktionier[t]".[12] Andererseits sollte sich jede Schule zur Aufgabe machen, ihre Schüler zu befähigen, Konflikte und kleinere Streitereien

---

[9] Vogt, Silke: Das Kollegium ins Boot holen, in: Kaeding, Peer u.a. (Hrsg.): Mediation in Schulen verankern. Ein Praxishandbuch, Weinheim/ Basel 2005, S. 26.
[10] Vgl. Heldt (2000), S. 144.
[11] Vgl. Vogt, Silke, in: Kaeding (2005), S. 26.
[12] Jannan, Mustafa: Das Anti-Mobbing-Buch. Gewalt an der Schule – vorbeugen, erkennen, handeln, Weinheim/ Basel 2008, S. 12.

gewaltfrei zu lösen. Gewaltprävention sollte an jeder Schule ein zentraler Punkt sein. Eine Möglichkeit ist die Streitschlichtung durch Mitschüler.

Einen Konflikt zu schlichten, statt ihn zu richten, hat große Vorteile. Durch Schlichtung wird eine Lösung gefunden, die für beide Parteien akzeptiert werden kann. Es gibt weder Gewinner noch Verlierer. Außerdem wird bei einer Streitschlichtung die Lösung durch die Streitenden selbst gefunden und nicht durch einen „Richter" vorgegeben. Somit lernen alle beteiligten Parteien, einander zuzuhören, die Gefühle und Meinungen des anderen zu beachten und zu respektieren und trotz Meinungsverschiedenheiten eine gemeinsame Kommunikationsebene zu finden. Den Streitenden wird dadurch deutlich, dass jeder seine individuellen Beweggründe für einen Streit hat. Es wird nicht nach Wahrheit und Schuld gesucht, sondern die unterschiedlichen Sichtweisen werden geklärt und entschlüsselt, sodass jeder versuchen kann, die Reaktion des anderen nachzuvollziehen.[13] Nur dadurch kann eine Lösung gefunden werden, die alle Beteiligten zufriedenstellt.

Neben der gewaltfreien Lösung eines Konflikts bietet eine Streitschlichtung noch zusätzlichen Raum zur Entwicklung verschiedener Kompetenzen. So lernen einerseits die Streitschlichter während ihrer Ausbildung sowie durch die Ausübung ihrer Rolle als Mediatoren und andererseits die Konfliktparteien in einer Schlichtung, ein Gespräch zu führen, in dem jeder zu Wort kommt und offen sein kann. Generell werden soziale und kommunikative Kompetenzen gefördert.

Häufig ist es so, dass Schüler sich ungern Erwachsenen gegenüber öffnen, wenn es um private Streitigkeiten geht. Gleichaltrige oder nur um weniges ältere Mitschüler können oft ein anderes Verhältnis zu den Streitenden aufbauen, da sie sich selbst mit diversen Konfliktsituationen identifizieren können. Der freiwillige Gang in einen Streitschlichtungsraum scheint häufig wahrscheinlicher als die Kontaktaufnahme zu einem Klassen- oder Vertrauenslehrer.

---

[13] Vgl. Vogt, Silke, in: Kaeding (2005), S. 26.

4. Fazit

Um ein Streitschlichtungsprogramm an einer Schule zu etablieren, muss ein klares Konzept vorhanden sein. Die Ausbildung und Betreuung der Schlichter sowie die Räumlichkeiten für eine derartige Konfliktlösung müssen durch die Schulleitung gewährleistet sein. Ist dies der Fall, so kann Mediation durch Schüler einen großen Beitrag zur Gewaltprävention leisten. Meine eigenen Erfahrungen haben mir gezeigt, dass sowohl die Streitschlichter als auch die Konfliktparteien, die eine Mediation in Anspruch nehmen, einiges aus einem Streitschlichtergespräch mitnehmen können. Ich selbst fühlte mich nach meiner Ausbildung zum Streitschlichter sehr gestärkt, was den Umgang mit Konflikten und allgemein die Kommunikation mit anderen betrifft. Natürlich kann ein Streitschlichter nicht alle Probleme lösen, die im Laufe des Schulalltags auftreten, doch bietet die Mediation die Möglichkeit, kleinere Streitereien schon so früh zu schlichten, dass erst gar keine größeren Konflikten entstehen oder gar körperliche oder massive verbale Gewalt ins Spiel kommen. Wichtig ist es, sich während der Etablierung eines solchen Programms genau zu überlegen, wie man auch die Schülerschaft auf dieses neue Angebot aufmerksam macht und sie von dem Nutzen überzeugt. Eine intensivere Auseinandersetzung mit den einzelnen Schritten der Verankerung wäre fortführend sehr interessant.

5. Literaturverzeichnis

Heldt, Ursula: Konfliktvermittlung – Mediation in der Schule, Göttingen 2000.

Hurrelmann, Klaus: Schule als alltägliche Lebenswelt im Jugendalter, in: Schweitzer, Friedrich/ Hans Thiersch (Hrsg.): Jugendzeit – Schulzeit. Von den Schwierigkeiten, die Jugendliche und Schule miteinander haben, Weinheim/ Basel 1983, S. 30-56.

Jannan, Mustafa: Das Anti-Mobbing-Buch. Gewalt an der Schule – vorbeugen, erkennen, handeln, Weinheim/ Basel 2008.

Kaeding, Peer u.a. (Hrsg.): Mediation an Schulen verankern. Ein Praxishandbuch, Weinheim/ Basel 2005.

Schäfers, Bernhard: Soziologie des Jugendalters. Eine Einführung, 4. überarb. und aktualisierte Aufl., Opladen 1989.

Schunk, Monika: Streitschlichter in der Schule. Praxishandbuch für die Ausbildung von Kindermediatoren, München 2005.